D1882850

उम्मीद

[कविता-संग्रह]

उम्मीद

आस्तीक वाजपेयी

राजकमल प्रकाशन

ISBN : 978-81-19028-66-5

मूल्य : ₹395

© आस्तीक वाजपेयी

पहला संस्करण : 2023

प्रकाशक : राजकमल प्रकाशन प्रा.लि.
1-बी, नेताजी सुभाष मार्ग, दरियागंज
नई दिल्ली-110 002
शाखाएँ : अशोक राजपथ, साइंस कॉलेज के सामने, पटना-800 006
पहली मंज़िल, दरबारी बिल्डिंग, महात्मा गांधी मार्ग, प्रयागराज-211 001

वेबसाइट : www.rajkamalprakashan.com
ई-मेल : info@rajkamalprakashan.com

मुद्रक : बी.के. ऑफ़सेट
नवीन शाहदरा, दिल्ली-110 032

UMMEED
Poems by Asteek Vajpeyi

इस पुस्तक के सर्वाधिकार सुरक्षित हैं। प्रकाशक की लिखित अनुमति के बिना इसके किसी भी अंश को, फ़ोटोकॉपी एवं रिकॉर्डिंग सहित इलेक्ट्रॉनिक अथवा मशीनी, किसी भी माध्यम से, अथवा ज्ञान के संग्रहण एवं पुन:प्रयोग की प्रणाली द्वारा, किसी भी रूप में, पुनरुत्पादित अथवा संचारित-प्रसारित नहीं किया जा सकता।

गुड्डो बुआ के लिए

क्रम

प्रस्तावना

मैंने जब कविताएँ लिखना शुरू किया था, मैं एक बेटा था।

अब मैं पिता हूँ।

मैं चाहता हूँ कि अपनी बेटी को बता पाऊँ कि मुझे लिखने में और लिखते रहने में कितनी समस्याओं को सम्बोधित करना पड़ता है।

मैं उसे यह नहीं बता सकता, न ही उसे यह सब जानने की जिज्ञासा होनी चाहिए। लेकिन जिज्ञासा का स्वभाव अनिश्चित होता है।

ऐसा कुछ नहीं है जो मैं अपनी बेटी के लिए नहीं करूँगा। इसलिए यह मौजूँ है कि मेरे पिता और माँ ने हम दोनों के लिए क्या-क्या दाँव पर लगाया, उसे याद करूँ। याद करने की ज़रूरत भी नहीं है। वह सब ख़ुद मैं हूँ।

मेरे पिता अभी भी बूढ़े इसलिए नहीं हो पा रहे हैं क्योंकि अभी भी

उन्हें अपने बेटों को सँभालना है। यह दु:खद है। मैं शर्मिन्दा हूँ।

मेरी बीवी सृष्टि सबसे ज़्यादा समय बचाने के बारे में सोचती है और मेरी माँ अल्पना दी समय को उसके सारे रूपों में स्वीकारती हैं।

वे जासौन के पौधे में बहुत सारे समय देख पाती हैं।

मैं उम्मीद करता हूँ, ये कविताएँ आपका जासौन का पेज बन पाएँ।

—आस्तीक वाजपेयी

ब्यावरा
30 जनवरी, 2023

उम्मीद

जनमेजय

राजा का यज्ञ शुरू हुआ और साधुओं
ने गम्भीर मुद्रा साधी।
लाल, काले, पीले, नारंगी साँप आकर
गिरने लगे। यज्ञ कुंड से बास आने लगी।
थोड़े सच के टुकड़े, उम्मीद के कार्य
और थोड़ा-सा संकोच भी आहुति में भस्म हो गया
उसका पूर्वज युधिष्ठिर जब अकेला कुत्ते के
साथ पहाड़ चढ़ रहा था, वे बिलों में
छिपे थे। वे अवाक् थे, उनकी खोह स्वर्ग
के रास्ते में थी क्योंकि स्वर्ग के चूहों को भी वही खाते थे।
जनमेजय के पिता को तक्षक ने मारा था
सो वे भी मारे जा रहे थे।
वे रेंगते थे, वे घृणित थे।
यह सही नहीं कि आस्तीक ने यज्ञ रोका।
वह रुक ही नहीं सकता था।

वह अपने हाथ में छोटे-छोटे रेंगते साँपों को लेकर भाग गया था।

वह जंगल में छिप गया।
वे घृणित थे, उन्हें अकारण मारना उससे भी
घृणित; किसी को भी मारना अकारण
ही था, हर हत्या घृणित थी।
जनमेजय ख़ुद को भी मार रहा था
उसे गैस चेम्बरों से निकलती चीख़ें
सुनाई नहीं दे रही थीं।
उसे यह अभी पता नहीं था कि हिंसा
अन्ततः मनुष्य को प्रासंगिकता से दूर ले जाती है
वह ख़ुद में हार है, उसके सहारे सिर्फ़ उन्हें
हराया जा सकता है जो लड़ ही नहीं रहे हों।
अब नई शताब्दी में उसने बचपन से ही
आराम की आहुति दे दी है।
वह न्याय करता है, जनमेजय सोचता है कि
इसके बाद क्या बचेगा या शायद नहीं सोचता।
वह संसार बन चुका है।
अब वह सपने, कल्पनाएँ, बचपन की यादें
भस्म करने लगा है।
वह अकेला हो गया है, अब ख़ुद को भस्म कर रहा है।
वह रात में गहरी नींद हो गया है
अपनी नींद में सपना हो गया है।

वह सपने का ब्रह्मण हो चुका है
वह वैशम्पायन होकर ख़ुद को ही महाभारत
सुना रहा है। फिर एक बच्चा बनकर ख़ुद
अपने ही यज्ञ की उत्पत्ति सुन रहा है।
अपने सपने में वह जनमेजय फिर जनमेजय हो गया है।
मोगरे की तीखी गन्ध में ख़ुद होने के

कई प्रयास और अपनी ख़ुदी से पछताकर
वह सिर्फ़ स्वप्न हो रहा है।
ख़ुद में घट रहा है और सर्प गिर
रहे हैं हवन में।
अन्त में वह ख़ुद भी भस्म हो रहा है
अपने सपनों से दूसरों के सपने भस्म कर रहा है।
अब वह उस पहले भागे हुए आस्तीक को
भी सपने में पकड़ चुका है। वह अब
सब हो चुका है। वह आस्तीक के ही
साँपों की असंख्य पुश्तों को मारता जनमेजय
हो चुका है। वह किसी को ख़त्म न करने
वाली ताक़त बन गया है। वह हर एक तानाशाह
बन गया है। वह हर एक शिकार बन गया है।

फाटक खुल रहा है, पेड़ों के बीच
ठंडी हवा चल रही है।
बारिश के बाद पत्तियों से
आँसू जैसा पानी टपक रहा है।
रात में कुत्ते भौंक रहे हैं।
वह पगडंडी पर गीली मिट्टी पर
खड़ा है। पेड़ की परछाईं में छिप
गया है। वह हवा के साथ मिलकर
खुली खिड़की से आ गया है।

अब वह कहाँ है, कहना मुश्किल है।

ऋष्यश्रृंग

फूलों पर बैठी मधुमक्खियों के ऊपर
चिपके हुए पराग उसने बचपन से देखे हैं।
वह अपने भीषण एकान्त के कोने से जानवर
और फूलों को बढ़ते देख रहा है।
वह घास पर चल कर पेड़ के सामने
खड़ा है। रोशनी उसके ऊपर से
फिसलकर छोटे कीड़ों पर पड़ रही है।
वे रेंगते हैं और नये पैदा हो जाते हैं।
वह एक इच्छा लिये खड़ा है, शक्ति उसकी
उपमा है और एकान्त उसकी साधना।
उसके अन्दर सारे सम्भव एकान्त हैं।
वह समुद्र की गहराई में गिरा
जहाज़ हो सकता है जिसमें असंख्य
नर-मादाओं के कंकाल कमरों में बेतहाशा तैरते हैं।
वह पेड़ पर बैठा रात में चिल्लाता बाज़

भी है। इर्द-गिर्द के मैदान का विलाप।

वह पेड़ों को पागलों की तरह गले
लगाता है और जीवन प्रस्फुटित हो जाता है
क्योंकि जीवन ही प्रस्फुटित हो सकता है।
वह माँ का न होना पिता के सर्वत्र होने में छिपा चुका है।
अकेला वह भागता है नदी का पीछा
करते हुए, वह बहती है जंगल
की ओर, घाटी से निकलते पत्थरों
पर अपनी कल-कल की गूँज को
जंगल की ख़ामोशी से मिलाते हुए
वह एक के बाद एक उगी झाड़ियों के
भीतर की असंख्य सम्भावनाओं में उसे
ढूँढ़ रहा है, किसी और की विस्थापित
आकांक्षा जो अब उसके अन्दर है।
वह धूप की काली सड़क पर पड़ती
तीक्ष्ण ऊष्मा हो सकता है।

मृत्यु के बाद अपनी माँ की
सम्भावनाओं को बारिश की पत्तों पर
गिरती बूँदों और उसके बाद फिर
उगते नये कोंपलों में सोख चुका है।
वह बीहड़ बन गया है, सुबह उड़
रहा है, तप कर रहा है, चुप बैठा
है, चिल्ला रहा है। अनवरत हो रहा है
बस हो रहा है।
वह इच्छा फिर आ रही है
और रात के प्रशान्त काले में
किस दिशा में भाग रही है
इसका ठिकाना नहीं है।

वह पाठशाला जाता एक बच्चा
बन गया है। वह दुनिया को
पहली बार देख रहा है, हर बार

वह अपने छोटे पैरों से
मैदान में भाग रहा है, वह
पहली बार हर बार की तरह
आश्चर्यचकित हो रहा है।
उसको देख देवता चिढ़ गए हैं
एक दुबला आदमी जंगल
की झोंपड़ी में बैठा आँखों में
ऐसे आँसू लिये जो गिर सकते
हैं पर गिरते नहीं। समूचे ब्रह्मांड
की शक्ति को सँजोये, वह इच्छा को
बिना समझे और जिज्ञासा की चटाई बिछाए बैठा है।
जंगल में एक सरसराहट होती है
वह खड़ा हो जाता है, उसके
रोंगटों के साथ पूरा जंगल खड़ा हो जाता है।
मधुमक्खी के शरीर पर रखे
पराग के फूल पर पड़ने
के बाद की तरह वह खिल जाता है।

वह आ रही है।

हस्तिनापुर

वे जा रहे हैं
वे जा रहे हैं घोड़ों पर,
रथों पर, पैदल और लाचार
वे जा रहे हैं हाथों में
लहू और विध्वंस की गन्ध लिये।
वे याद करते हैं हस्तिनापुर को
जहाँ से वे गए थे लड़ने कुरुक्षेत्र
उन्हें यह नहीं पता कि वह हार कर
आ रहे हैं या जीत कर।
कुरुक्षेत्र उनके शरीरों पर लिथड़ा हुआ
वहाँ जा रहा है जहाँ विजेता
की घोषणा होगी।
वे जानते हैं कि युद्ध ने उन्हें
प्रेम करने योग्य नहीं छोड़ा है।
रास्ते में लड़कियों को जवान उम्मीद

से देखते हैं, बूढ़े लिप्सा से।
उन्हें पलट कर कोई नहीं देखता।
वे छोटी अभी उगी घास और
विराट बरगद के पेड़ों को कुचल कर जा रहे हैं।
वे प्रश्न पूछ रहे हैं सत्य और धर्म के बारे में
उन्होंने अभी भी अपनी जिज्ञासा को नहीं मारा है।
वह आख़िरी शत्रु था जो बच गया था।
वे चाहते थे कि उनके पास अब उत्तर हों
लेकिन उनके पास केवल कुछ प्रश्न बचे थे।
वे एक दूसरे की आँखों में नहीं देखते थे,
ख़ुद के लिए घृणा रिस रही थी उन आँखों से।
वे हस्तिनापुर जा रहे हैं, एक दूसरे
को उम्मीद नहीं, थकान से ढोते हुए।
वे यह भी नहीं जानते कि युद्ध समाप्त
हो गया है या नहीं।
वे हर लड़ाई में थोड़ा-थोड़ा अपना
घर खोते आए हैं।
वे जहाँ जा रहे हैं वहाँ
घर नहीं बचा है।
ख़ुद को कुरुक्षेत्र में छोड़कर
अपने साथ कुरुक्षेत्र लिये
वे हस्तिनापुर जा रहे हैं।

द्रोण

तुझे देने बहुत हैं मेरे पास
लेकिन ज़्यादातर वे बातें हैं जो
दे पाऊँगा या नहीं, पता नहीं है।

यादों और संस्कार के अलावा
कुछ ख़ास नहीं
संस्कार शस्त्र नहीं हैं,
संस्कार हत्या भी नहीं है।

क्या सिखाऊँ तुझे?
सिखाता हूँ कि युद्ध में जीत असम्भव होती है,
हार निश्चित और पतन स्वाभाविक।

हिंसा से हमेशा अपमान होता है,
न्याय नहीं होता।

धनुष उठाओ और सीखो वह सब
जो सीखने के बाद
तुम राजकुमार भले बन जाओ
इनसान कभी नहीं बन पाओगे।

समझ जाओ कि यह लेकर मुझसे भी
लड़ोगे और उससे भी कहीं ज़्यादा
ख़ुद से लड़ोगे।

देखो यह वज्र, इसे थामने पर
घमंड मत करना क्योंकि घमंड
शस्त्र का नहीं, मनुष्य का गुण है।

यदि इसके प्रयोग को समझ जाओगे
तो ख़ुद को बड़ा वीर मत समझना,
बड़े वीर भयंकर हत्यारे होते हैं।

किसी और से कुशल हत्यारा होना
गर्व की बात नहीं।

तुम्हें अस्त्रों से भी ख़ौफ़नाक कुछ
सिखा रहा हूँ, नष्ट करने की अभिलाषा,
हो सके तो भूल जाना।

सत्य और धर्म के नाम पर हिंसा करने से बचना,
यदि हो सके तो सत्य और धर्म को
परिभाषित करने से भी बचना।

यदि यह लगता है कि युद्ध से
कुछ अच्छा हो सकता है तभी लड़ना।

इसका अर्थ बस यह होगा कि तुम
वह नहीं सीख पाये हो जो मैं
सिखा नहीं पाया हूँ और वह
सीख गए हो जो सिखाने से
बचते हुए मैंने सिखा दिया है।

अपनी ग़लतियों पर शर्मिन्दा भले हो जाओ
दूसरों की ग़लतियों पर उन्हें अपमानित मत करना।
दंड अपराध पर देना, ग़लती पर नहीं।

अब धनुष उठाओ, मुझे पता है
पसोपेश में हो, भूल जाओ,
बस धनुष उठाओ और चलो शुरू करते हैं।

मैं प्रार्थना करता हूँ कि मुझे
और तुम्हें इसके लिए
देवता क्षमा करें।

दुर्योधन का सत्य

पानी ज़्यादा ठंडा नहीं था।
तालाब का पानी, हरा पानी, ठहरा पानी।
जब वह तल पर बैठा
उसने देखा मछलियाँ
उसका मांस खा रही थीं।

युद्ध के मध्य में दुर्योधन ने गदा चलाई
दो वीरों के रथ तोड़े, घोड़ों के मुँह मोड़े।
कुरुक्षेत्र के मध्य में खड़ा वह अपना ख़ौफ़
दूसरों की आँखों में देख आनन्दित हो रहा था।

वह नहीं जानता था कि उसे ऐसा भ्रम दिया गया था कि
वह जीत सकता है,
जबकि युद्ध स्वयं पराजय है।
कोई नहीं जीतता, सब हारते हैं।

वह नहीं जानता था कि उसका हठ उसे छोड़कर
आसमान में मिल जाने वाला था।

वही हठ लोगों का स्वभाव बनने वाला था।
उसका पिता राजा था, इसलिए उसे लगता था
वह राजा बनेगा, यह उसका सच था।

उसका सच दूसरों का सच नहीं था।
सदियों बाद गैलीलियो अदालत में बोलने वाला था
अपनी साँसों के नीचे कि 'वह हिलती है।'
लेकिन गैलीलियो के सच में विनय था।
उसके सच में केवल उद्दंडता थी।
क्या उद्दंड सच, सच नहीं रहता।
सच से विनय की उम्मीद तो वे भी नहीं करते थे
जो दुर्योधन को हरा रहे थे।
दुर्योधन को पता था कि उसके सच को
सच का नाम उसकी जीत दे सकती थी।
अमरीकियों के हाथों प्रताड़ित जापानी महिलाओं की तरह
वह जानता था कि विजय ही
जीत को वैधता देती है।
हारे हुओं की चीख़ें इतिहास के गहरे कुहासे में छिप जाती हैं।
वह नहीं जानता था कि गांधी शताब्दियों बाद
अपने सच के लिए मार दिए जाएँगे,
जब समय बदलेगा, उन्हें भी गालियाँ दी जाएँगी।
वे लोग जिन्होंने देश के लिए एक दिन
कारावास में नहीं बिताया, कहेंगे
'गांधी ने देश तोड़ा है।'

क्योंकि सच जब जीतता नहीं
निर्ममता से कुचला जाता है।

दुर्योधन पानी की आवाज़ को
अपनी आवाज़ के ऊपर सुन रहा था।
उसे लगा यह उस समय के युद्ध की
ज़मीन पर कम्पन है।
तालाब में वह साफ़ दिख रहा था।
तालाब में जैसे एक समन्दर छिप गया था।
किनारे पांडव खड़े थे।
उनमें भी थकान थी और
उनके पास भी एक सच था।
वे भी आँखों में सैकड़ों मृत योद्धाओं का
ख़ून लिये खड़े थे।

दुर्योधन ने युधिष्ठिर को
तालाब के पानी के पार देखा।
दोनों एक दूसरे को देख रहे थे।
धर्मराज को एक क्षण के लिए समझ आ गया
कि वे दोनों एक ही थे।
वह हस्तिनापुर जिसके लिए दुर्योधन लड़ रहा था
कुरुक्षेत्र में ख़त्म हो गया था
जिस धर्म के लिए युधिष्ठिर लड़ रहा था
वह कुरुक्षेत्र को पीठ दिखाकर भाग गया था।

उसे नहीं पता था कि सालों बाद
वही धर्म फ़ुर्टवेंगलर के साथ खड़ा था
जब वह ख़ाली आडिटोरियम में भी
संगीत का संचालन कर रहा था।
उसे यह बताना ज़रूरी लगा था कि
वह हिटलर का नहीं, बीथोवन का जर्मनी था।

दुर्योधन जानता था कि कल्पना में सच

को महफ़ूज़ रखा जा सकता है, क्योंकि
कल्पना जीवन की उत्पत्ति करती है।
वह बाहर निकला, तालाब बिखर गया।
भीम के सामने खड़ा हुआ तो देखा
वही तालाब भीम की आँखों में आ गया था।
भीम वीर था पर वह अपनी
कल्पना से अधिक लोगों को मार चुका था।
वह भी दुर्योधन की तरह बेइन्तिहा
हार चुका था।

लड़ाई के बीच कृष्ण ने इशारा किया
भीम ने गदा उठाई, बलराम दूसरी तरफ़
पलट गए, गदा के जाँघ पर पड़ने के एक क्षण पहले
मेरी दिवंगत माँ जीवित होकर मेरे पिता
के साथ बूढ़ी हो रही थी।
सत्य भ्रम में मिल गया,
गदा चली, क्षणभंगुर सत्य गिर गया,
धर्म जीत गया।

जब

मैं संगीत सुनना चाहता हूँ पर
हर थोड़ी-सी आवाज़ ख़ामोशी में ऐसे
गूँजती है जैसे पहली बार ब्रह्मांड
में तारे फटे होंगे
उतने ही अप्रत्याशित उतने ही अकेले
आसमान में बादल आ गए हैं।
वह काले से गुलाबी हो रहा हैं
बारिश होने वाली है।
यूकेलिप्टस का लम्बा पेड़ हवा में
डोलता है, उसके साथ आसमान,
आसमान में डोलता है।
मिट्टी में गीलेपन की महक आने
लगी है, पानी की पहली बूँद के पहले।
जब तुम नहीं हो, मैं इतना
अकेला हूँ, मुझे दिखता है नीम

के पेड़ से एक पत्ती गिर रही है।
रात के अँधेरे में, गहरे अँधेरे में
जब पहले सपने आने शुरू हो जाते हैं
या जब हमारी नींद खुलती है और
हमें दूसरों को जगाने में संकोच
होता है, एक पत्ती नीम के पेड़ से गिर रही है।
एक चिड़िया की अकेली आवाज़ रात
की ख़ामोशी को भेदते हुए पेड़ों
की सरसराहट में मिल जाती है
घास पर हवा पड़ती है और
वह हिलते हुए कीड़ों को अपने भीतर
फैली रात में ढँक लेती है।
सड़क की बत्तियाँ अपनी मद्धिम
रोशनी में सड़क के काले रंग से मिलकर
एक दूसरे काले रंग की
रचना करती है।

ठंड का आना

पहली ठंड सालों पहले
सागर में पड़ रही है।
रज्जन ताऊ मुझे और बड़कू
को पुस्तकालय ले जा रहे हैं
हम किताबों की दूसरी दुनियाओं
में झूम रहे हैं।
यह सब मुझमें है जो मैं अब तुम्हें देता हूँ।
ठंड में मैं दोपहर में अपने घर
के पीछे घास पर मुन्ना पापा और
बड़कू के साथ पढ़ रहा हूँ
गुड्डो बुआ के साथ जन्मदिन के
समय खिलौने ला रहा हूँ
ईब के साथ रात में रम पी रहा हूँ
बाद में परीक्षाओं के
अनर्गल जाल में उलझा पड़ा हूँ।

तुम कल्पना भी नहीं कर पाओगी
कि इस ठंड में उन परीक्षाओं के कारण
कितनी रात तक सो नहीं पाता था।
ठंड में मैं सृष्टि के साथ
घूम रहा हूँ, पहली बार उसमें
एक लड़की को छू पा रहा हूँ।
पहली बार उसकी आँखों में
ख़ुद को ख़ुद से ज़्यादा देख रहा हूँ।
मैं तुम्हें यह कभी नहीं दे पाऊँगा।
फिर ठंड में मैं मणि ताऊ के साथ
पार्क में टहल रहा हूँ और वे
पुराने पेड़ों के पत्तों पर
टँगी अदृश्य कल्पनाओं को धीरे से
उठाकर मुझे हँसी के साथ पकड़ाते
चल रहे हैं।
तुमने एक बार कहा था कि तुम्हें
इतिहास में रुचि नहीं पर उनसे मिलती
तो एक भी विषय नहीं बचता जिसमें
रुचि नहीं होती।
वे जिज्ञासा की भट्टी थे।
इस बार ठंड फिर ज़्यादा पड़ी, मैं
इसी प्रदेश में हूँ, जहाँ पैदा हुआ
बेटी बोलने लगती है तो रुकती नहीं
उसे हर बार हँसाकर मैं नया हो जाता हूँ।
मैं वहाँ नहीं हूँ, मुझे पता है।
जो चले गए हैं रज्जन ताऊ, बच्चू ताऊ,
आई, दादी, बाबू और मणि ताऊ
मेरे पीछे खड़े हैं और गौरैया मेरे आगे।
इन्हें छोड़ नहीं सकता।
मैं वहाँ नहीं हूँ, पर ऐसा नहीं है।

अपने अकेलेपन में या शायद दोस्तों के साथ
अपनी थकान में या शायद उसके बिना ही
जब तुम सोने वाली होगी
मैं आने वाला होऊँगा।
तुम्हारी बन्द होती हुई पलकों के पीछे
तुम्हारी लम्बी उँगलियों की
पहुँच से बस एक इंच दूर
तुम आँखों को बन्द करो
तुम्हारे रूखे बालों को अब मैं
सहला सकता हूँ, पर अभी नहीं।
सपने में उठो, सपने और
स्मृति के बीच का फाटक
खोलो, दहलीज़ पर तुम्हें देखने से
डरता हुआ मैं तुम्हें देख रहा हूँ।
अपनी आँखों से मुस्कुराओ जो
मास्क के पीछे भी समझ में आ जाता है।
अपनी ठंड, तुम्हारी स्मृति, अपनी इच्छा,
तुम्हारी ख़ामोशी, अपनी बेबसी
और तुम्हारी शर्म लिये देखो
मैं आ गया।

सूखा पेड़

(गुड्डन ताऊ के लिए)

एक रास्ता है,
दो तरफ़ खेत हैं
एक तरफ़ सूखा पेड़।
पेड़ का खँडहर, जिस पर मेरी
बिदकी हुई निर्लज्ज इच्छाएँ कूद रही हैं।
मैं ज़िन्दगी के रोज़मर्रे से थक गया हूँ।
मुझे अपना सच अपनी पूरी विचित्रता के बावजूद व्यक्त करना है।
वह नहीं है कहने या लिखने लायक़,
उसमें मेरी मूर्खताओं और सीमाओं के फ़र्श पर दुनिया का मैल बिखरा पड़ा है।
इनसान का अहंकार और क्रोध।
उसकी महत्त्वाकांक्षाओं और शराब का नशा।
टुच्चेपन और ईर्ष्या से सने तर्क,
अपनी लगातार छोटी और उबाऊ ज़िन्दगी को

सही और सार्थक और महत्त्वपूर्ण बताने वाले झूठ।
उस पेड़ पर अब मुश्किल से मैं
देख पाता हूँ एक पीली चिड़िया जिसकी प्रजाति का मुझे नहीं पता।
उसमें ठंड की रात के शहर की सड़क पर चलती
ढेरों गाड़ियों के बीच खड़ी गाय का अकेलापन भी है।
सड़क के बाजू में अपने साथी, किसी गाड़ी से
कुचले हुए पिल्ले को चाटते हुए दूसरे पिल्ले का
आश्चर्य है जो शायद कभी दुःख नहीं बनेगा।
उसमें वे शब्द हैं जिनसे हम संसार
को समझते हैं और ध्वस्त भी करते हैं,
जिनकी शिनाख़्त एकान्त करता है,
जिनसे ढेरों कविताओं के बीच कुछ पढ़ने लायक़
पंक्तियाँ लिखी जाती हैं।
लेकिन इससे भी ज़्यादा वे शब्द,
जिनसे हिंसा से टूटे हुए को सँभाला जाता है,
जिनसे प्रतिस्पर्धा में हारे हुए को दिलासा दिया जाता है।
जिनमें उन देवताओं की स्तुति की जाती है, उनकी
जिन्होंने अगर केवल यही दुनिया बनाई है तो उनकी
इनसानियत पर मुझे शक है। ऐसे लोग जिनकी
दैवीयता पर शक नहीं किया जा सकता।
इनमें ढोंगी बाबाओं से प्रताड़ित लोगों की चीख़ों के शब्द,
और असहाय देवताओं का रुदन भी है।
मेरा अकेलापन अब पीली चिड़िया के घोंसले से उठने वाला है।

दूर

वह अपने बालों को हमेशा की तरह
पीछे कर रही होगी, उस शहर में
जहाँ अब मैं नहीं हूँ।
सुबह यहाँ गाएँ सड़कों पर निकल आती हैं।
उनमें भी अकेलापन है।
सोयाबीन उग रही है, पौधे घुटनों तक
आ रहे हैं; पत्तियाँ हरी हैं आसमान में बारिश
और थकान और ऊब मिल गई हैं।
उसकी मुस्कुराती आँखें मुझे हर जगह दिखती हैं।
मैं सोचता हूँ कि काश
उससे नहीं मिला होता तो इतना अकेला नहीं होता
हो सकता है कि मेरी जिस इच्छा ने
अकेला करने के लिए उसका बहाना किया
वह दूसरा बहाना कर लेती।
यहाँ दिनभर काम में लगा रहता हूँ।

उससे भागकर आने में, उसे अपने साथ ले आया हूँ।
मैं नौकरी की उलझनों के बीच भी अब उसे
भूल नहीं पाता हूँ।
जैसे बारिश से भीगने के बाद रेत चिपकने
लगती है, उसकी याद हर याद में चिपक गई है।
मुझे पता है कि शायद उससे अब
कभी नहीं मिल पाऊँगा, तो इस कमरे और
पन्ने के बीच शून्य से कह रहा हूँ
वह सब जो उससे नहीं कह पाया।
उसे रोज़ खोने में अब पिंजरे में क़ैद होने
की लाचारी मिल गई है, जैसे इस शाम में रात,
अकेलेपन में शराब और ग़ुस्से में दुःख मिल गया है।
ऐसा भी हो सकता है कि एक दिन मैं उसका
न होना बन जाऊँ,
हर जगह उसके जाने से पहले और पहुँचने के
बाद वह जगह मैं बन जाऊँ।
तुम बारिश और मैं उसकी गन्ध बन जाऊँ।

अन्तिम संस्कार

इस गली से एक छोटा-सा आदमी
कभी-कभार निकलता था।
वह अपने मोटे ऐनक को ऐसे पहनता था
जैसे वह किसी और का ऐनक हो।
वह चप्पल पहनता था, उन्हें देखकर
लगता था कि वे आरामदायक थीं।
अपने भाइयों और बहनों के दिए कपड़ों को
वह एक बार पहनता था और
फिर नहीं। वह कपड़े धो नहीं पाता
था और वह आदत बदलना नहीं
जानता था। उसे वे कपड़े अच्छे लगते
होंगे क्योंकि उन्हें पहनकर उसकी हँसी
चिड़िया की चहक की तरह मासूम होती थी।
वह अक्सर कुर्ते पहनता था, यह भूल
कर कि वे फटे थे।

वह अपरिपक्व था, उम्र के साथ
व्यावहारिक नहीं हो पाया था।
हर व्यक्ति की तरह वह वर्तमान के
साथ अपने बचपन में जीता था।
दूसरों से भिन्न वह अपने बचपन में
वर्तमान से ज़्यादा जीता था।
शादी देर से की और वह भी ज़िद कर
बचपन में वह पिता की कार को रात में
चलाकर ले जाता था।
शायद रात में अँधेरी कार में
अपने भाई के साथ अपने छोटे-से शहर
की गलियों में उसे रोज़ कुछ नया दिखता
था। शायद बच्चे के आश्चर्य के साथ
देखने पर हर रात पुरानापन थोड़ा-सा नया हो जाता है।
वह शराब पीता था, पर इतनी कि
रिश्तेदार ताने मारें, इतनी नहीं कि
वे बात करने से डरें।
वह इतना सज्जन ज़रूर था कि दूसरों
के बीच बैठ अपनी तकलीफ़ को भूल
जाए और इतना सहज कि दूसरे
भूल जाएँ कि वह तकलीफ़ में था।
वह अपने बूढ़े होने से थोड़ा डर गया था।
नशे में, वह बचपन में, भाई के साथ
रात में गाड़ी में फिर सवार होने लगा।
सवारी उतनी आनन्ददायक नहीं थी,
दोनों भाइयों की जवानी से लेकर बुढ़ापे तक
की लड़ाइयों ने बचपन
को बदल दिया था, पर तब भी वह बाक़ी जीवन से बेहतर थी।
एक दिन वह छत से गिर

पड़ा जैसे उसने कई बार अपने पिता
के बग़ीचे में अमरूदों को गिरते देखा था।
सब दुखी थे
वह कुछ नहीं था, पर उसमें भी
बचपन में कुछ भी हो जाने की सम्भावना
थी और बुढ़ापे में मृत्यु उसकी भी
उतनी ही नगण्य थी जितनी उनकी
जो कुछ हो जाते हैं।
एक रात वह गाड़ी चलाकर वापस घर
आ गया, वहाँ जहाँ ढीठ लोग मरने के बाद जाते हैं।
मेरे दादा ने आदत से मजबूर मेरी
दादी से पूछा 'बच्चू आ गया?'
उन्होंने कहा 'हाँ आ गया।'
दादा ने उनसे दूसरी तरफ़ करवट ले ली।

जलते खेत

सड़क पर धूल उड़ रही है,
गाँव की पागल धूल जो सूखे खेतों से उठती है।
खेत में खड़े किसानों की आँखों से बचते हुए, जो आँखें अब
धूल को अपने से बाहर रखना सीख चुकी हैं।
बड़ी आँखें, झुर्रियाँ, बिखरे बाल,
अम्मा के हाथ में तीन छोटे सन्तरे
बारिश हो रही है,
गाँव के बीच से बह रहा नाला उफान पर है।
खेत भीग रहे हैं।
जिन्होंने गेहूँ नहीं काटे वे
डर से, जो बाहर खड़े हैं ठंड
से और जो मेरे सामने खड़े
लड़ रहे हैं, क्रोध से काँप रहे हैं।

सहज क्रूरता मन में सब के बह रही है
कल-कल करती ईर्ष्या।

जो समृद्ध है वे ग़रीब होने
का रोना रो रहे हैं और जो वाक़ई
ग़रीब है, अपमानित होने का इन्तज़ार कर रहे हैं।
वे रो नहीं रहे, वे इस उम्मीद में
हँस रहे हैं कि कोई उनसे ठीक से बात कर ले।
बारिश ने खेतों की मिट्टी को
पिघला दिया है, अशोक का
पेड़ बिजली गिरने से जल गया है।
ये लोग बाहर से अपनी क्रूरता और टुच्चापन
और ख़राब हो गए गेहूँ के बीच थोड़ी
मानवता अपने घर सुरक्षित ले आए हैं
बुढ़िया अपने दो सौ रुपये में से पचास
की चाय पिलाने की पेशकश करती है,
सन्तरा देकर कहती है 'खाओ, पिओ, राज करो।'
बारिश में बाहर निकल जाती है।

थोड़ा-सा

बालकनी के बाहर शहर टिमटिमा रहा है।
हवा ज़ोर से चल रही है।
पेड़ दिख रहे हैं अलग-अलग।
मैं मनुष्य के बनाए इस मकान में
मनुष्यों से दूर रहने का आनन्द ले रहा हूँ।
मुझसे मेरा लेखन दूर हो रहा है।
वह मुझे इस सब रोज़मर्रे के झमेलों में
झूमने के लिए अकेला छोड़ देना चाहता है।
मेरे सामने सूरत शहर की बत्तियाँ भोपाल
के तालाब पर पड़ती रोशनी बन रही हैं।
दीवार की सफ़ेदी थोड़ी पीली पड़ गई है।
उसमें खुले हुए परदे से
थोड़ी सुबह मिल रही है।
इस जगह थोड़ी-सी जगह बची है
कुत्तों के सोने के लिए और थोड़ा-सा
समय बच गया है काग़ज़ पर लिखने के लिए

थोड़ा-सा मेरा बचपन बच गया है जैसे
थोड़ा-सा धीरज अपमान में बचता है।
मैं जो हूँ की सड़ाँध में थोड़ा-सा
मैं जो हो सकता हूँ ताज़ा बचा है।
बहुत थोड़ा-सा शक बचा है अपने विफल
होने के बोध पर। बस एक ताने के बराबर।
काश कि मैं कोई और होता
या कम-से-कम ख़ुद से निराश नहीं होता
थोड़े-से लोग बचे हैं जो इनसान हों।
थोड़े-से ही शब्द हमेशा से थे
मेरे पास, अब थोड़ा-सा ही कवि बचा हूँ।
बहुत सारे तनाव के बीच थोड़ा-सा ही सभ्य बचा हूँ।
थोड़ा ही जो बचा हूँ यदि न रहूँ
किसी को थोड़े ही फ़र्क़ पड़ेगा?
पहली बारिश के बाद जैसे कोई खेत
में थोड़ी-सी घास उखाड़ दे।

थोड़ा-सा सच

(गुड्डन ताऊ के लिए)

मेरे पास केवल थोड़ा-सा सच बच गया है।
जिसे डिब्बे में बन्द कर मैंने भेज दिया है
धूल की काली आकृतियों के बीच फ़र्श का रंग बचा हुआ है।
कहाँ, मैं भूल गया हूँ
शायद वह इस धूल में ही मिल गया है,
कहीं गया नहीं है, या फिर जाकर
धूल बनकर लौट आया है,
लोगों की अपमान करने की प्रवृत्ति से डर कर जंगल भाग गया है।
जंगल की घास में, लम्बी घास में मिल गया है, सागौन के लम्बे पेड़ों से लिपट गया है।
जंगल को पहली बार देखने वाले बच्चे की जिज्ञासा में मिल गया है।
जानवरों की आवाज़ों में और जंगल के सुनसान में भी थोड़ा-सा रिस गया है।
उसे पता है कि जितना वह मेरा सच है
उतना किसी दूसरे का झूठ होगा

सो वह उस दूसरे से बच रहा है।
अपने आशय को खोकर आज़ाद होने की कोशिश कर रहा है।
बाँस के घने झुरमुट में अपना मतलब छोड़ आया है।
अब वह कुछ शब्द भर बचा है आशय से मुक्त।
जंगल में बाक़ी शब्द भी खो गए हैं
किसी हिरण पर सवार, शेर की
अँधेरे में चमकती आँखों के भीतर अब एक शब्द बचा है।
बारिश और सुबह की ओस में घुलकर केवल एक अक्षर बचा है।
एक पहाड़ी कोरबा के हाथ वह अर्थ
और शब्द से मुक्त अक्षर कच्ची
मिट्टी की दीवार पर लीप दिया जाता है।
अब वह कुछ नहीं बचा,
देखो वह आता है अन्त के बाद।

दोस्त

दो गौरैयाँ बग़ीचे में छोटी कटी हुई
घास पर चल रही हैं।
मैं बग़ीचे में बैठकर सड़क देख रहा हूँ।
एक लड़का जो सड़क पर चल रहा है
सड़क पर खड़ी सुन्दर लड़की को
घूरते हुए आगे चला जाता है।
मेरी मृत्यु मेरे पीछे उग रहे छोटे-
छोटे धनिये के पौधों को उखाड़ती है।
वह कभी-कभी ठंड में धूप सेंकने आ जाती है।
मैं उसके साथ जाने से डरता हूँ।
मुझे पता नहीं जब ले जाएगी तो कहाँ?
वह भी इसलिए डरती है, उसे भी नहीं पता कहाँ।
वह एक दिन बोल रही थी
कि कभी मनुष्य की इच्छा
पूरी नहीं होती सिवाय उसके।

आदमी जवानी में कुछ चाहता है और
बूढ़ा होते-होते वही तीव्रता से चाहता है।

मैं सुन रहा था कि हवा तेज़ चल रही थी
नीम के सूखे पत्ते गिर रहे थे।
तुम कहाँ ले जाना चाहती हो?
उसे भी पता नहीं।
मैं रोज़ कहाँ जाता हूँ?
मुझे भी पता नहीं।
एक दिन ऐसे ही गौरैयाँ चल रही होंगी
और मैं मृत्यु के साथ जाकर देखूँगा कि
वे कहाँ जाती हैं।
अपनी इच्छाओं को
धनिये के पौधों के बीच बिखेर दूँगा।
कोई दूसरा आकर ठंड में
वहाँ बैठकर गर्मी तापेगा।
मैं जब कल सोकर उठूँगा, उससे यह कहूँगा।
वह वहीं खड़ी होगी चुपचाप।

दोस्त कुछ कहते नहीं हैं
वे समझते हैं कि एक समय के बाद
हमारे पास उनके लिए केवल ख़ामोशी होती है
फिर भले ही हमें पता न हो
कि आगे कहाँ जाना है।

पूर्वज और हम दो भाई

वे खाना नहीं खाते,
वे पानी नहीं पीते
निर्लज्ज मनुष्यों को अपनी खोखली ताक़त का इस्तेमाल करते हुए देखते हैं।
हम दोनों को निरन्तर विफल होते हुए देखते हैं।
पता नहीं क्या सोचते हैं।
और अकेलापन बारिश बनकर बहता है,
पेड़ हरे हो जाते हैं।
आसमान ताज़ा होता है और उम्मीदें प्रस्फुटित होती हैं।
मेरी बेटी भागकर अपनी माँ के पास जाती है।
बुन्देलखंड में गर्मी बहुत ज़्यादा पड़ती है।
ताऊ-ताई वह कहने से बचते हैं जो सबको पता है,
वह इकलौता सच है।
सच कुछ नहीं है जब तक उसे बाँटा न जाए।
फूफा मन्दिर में घुमाते हैं और उन्हें लगता है कि वहाँ देवता होंगे।
देवता तो यह दुनिया छोड़कर भाग चुके हैं।
बेटी अपने दादा की गोद की ओर भागती है।

दोनों बच्चे कहीं नहीं भागते।
उनका दादा नहीं, दादी नहीं,
दूध पिलाने वाली माँ नहीं
हर बार किसी से प्रतिस्पर्धा में पीछे आने के बाद,
मैं गेंदे के फूलों को देखता था।
वे हर बार की तरह ही होते थे।
बेटी डोलची में से कूदती है
हम दोनों गेंदों के बीच बैठकर अपने आपको भूल जाते हैं।
सारे बच्चे विफल होकर माँ के पास रोते हैं
हम अपनी ही विफलताओं से बात करते हैं।
पिता की मेज़ पर तस्वीर ही माँ बन जाती है।
वह न ज़िन्दा है, न मृत है, वह है।
दोनों अकेले बैठ कर दूसरे लोगों के सपनों की ग़ुलामी करते हैं।
मेरी बेटी रोकर माँ के पास भागती है।
हम हैं उग्र होते हुए और न समझते हुए
लड़कियों से प्यार करते हुए और अस्वीकृत होते हुए,
सपने देखते हुए और उन्हें दफ़नाते हुए।
अन्त में यह जानते हुए कि हम नालायक़ हैं
और लायक़ केवल भ्रमित होते हैं।
मेरे दादा अपने छोटे हाथों से मुझे वैसे ही उठाना
चाहते हैं जैसे मेरे पिता मेरी बेटी को।
मेरी दादी बोलती है मत उठाओ
यह जानते हुए कि वे बहुत साल पहले गुज़र चुके हैं,
और बच्ची को नहीं उठा सकते।
हम माँ की तरफ़ भागते हैं जैसे बेटी भागती है।
माँ अदृश्य हाथों से उठा नहीं पाती।
दोनों अकेले दीवारें देखते हैं,
ख़ाली कमरों में चीख़ते हैं,
सपने देखते हैं,
माँ के अभाव में कविता लिखते हैं।

पहली बार

अगर केवल एक बार हम बच्चे हो जाते
एक बार फिर से सब पहली बार हो पाता।
एक बार मैं पहली बार लिखने बैठता
तो पता चलता कि उतना वह कठिन नहीं होता जितना लगता था, शायद
क्योंकि अच्छा भी नहीं होता।
पहली बार दोस्त के साथ शराब पीता तो यह समझकर
दोस्त छूट जाएँगे, शराब नहीं छूटेगी।
पहली बार डर जाता और कायरता में चालाकी करता तो
यह समझकर कि झूठ मनुष्य केवल ख़ुद से बोलता है
दूसरों से झूठ बोलना असम्भव है क्योंकि दूसरे
सुनते ही नहीं।
पहली बार बारिश में भीगता तो यह याद कर कि यह बादल
हमेशा ख़ुशी के समय नहीं बरसते।
तुम्हारी आँखें, भूरी, काली, हरी या नीली
मुझे पता ही नहीं है।

कभी हिम्मत ही नहीं हुई कि देख पाता।
पहली बार शाम को खेलता तो याद रख के
कि बचपन ही छूट जाता है खेल छूटने की आड़ में।
पहली बार किसी लड़की का हाथ पकड़ता तो
यह याद रख के कि यह आख़िरी लड़की हो सकती है।
पहली बार गर्मी की रात को बिजली कटने पर
सो नहीं पाता तो सोचता पसीने से ज़्यादा फ़िक्र भी
रात में जगा सकती है।
पहली बार अपने पिता से लड़ता तो यह याद कर कि
हर बेटा पिता ही बन जाता है।
पहली बार यह कर सकता हूँ।
तुम्हें पकड़कर अपने सामने खड़ा कर लेता हूँ।
बूढ़ा हो रहा हूँ, बच्ची हो गई है।
तुम्हारी आँखें काली या नीली या भूरी या हरी या
लाल न जानते हुए आश्चर्यचकित हो जाता हूँ।
पहली बार कर सकता हूँ यह।
हर बार
उनमें देखता हूँ काली, भूरी, नीली, हरी और कहता हूँ
"मैं...।"

एकान्तवास

खेत में जगह-जगह घास उग आई है।
मैं रोज़ छज्जे से उसे धीरे-धीरे
उगते देखता हूँ। माली भाग गया है।
शहर ख़ाली लगता है।
सड़क पर डर घूमता है।
मज़दूर थक गए हैं, समय रुक गया है।

एकान्त में लोग विक्षिप्त हो रहे हैं।
लोग दूसरों के सामने खाँसने और छींकने
से डर रहे हैं।
लोग मनुष्य से जानवर बन रहे हैं।
जिस बीमारी को इनसानों को ख़त्म
करना चाहिए था, वह इनसानियत ख़त्म कर रही है।
मीलों पैदल चलते लोगों की क़तारें
भारत की नसों में बहता मनुष्य रक्त।

कोई भूख से गिर पड़ता है तो
बाक़ी डर जाते हैं कि यह बीमार है,
कोई हाथ नहीं बढ़ाता।

उन्हें प्रदेशों की सीमाओं पर रोक दिया जाता है।
बीमार होना अपराध है,
वे दोषी हैं।
यदि जाने दिया गया तो कारख़ानों
में मशीनें कौन चलाएगा।
हमारे ग़रीब देश पर समृद्धि का लेप कौन लगाएगा।
एक सड़क पर गिरे आदमी को कन्धे पर ले लेता है।
वह उसे नहीं जानता, नहीं जानता कि वह
बीमार है, लेकिन मर्यादा जानता है।
वह राम है जो भटक कर मज़दूरों में घूम रहा है।
आलू खेत से उखाड़कर लोगों को
खिला रहा है, आम के बग़ीचे की
मेड़ तोड़कर आम ले आया है
वह कृष्ण है।

इमारतों पर चढ़कर कोई रास्ता देख रहा है,
कोई बूढ़ी माँ को साइकिल पर बैठाकर निकल गया है।
पता नहीं कितने मर गए बीमारी से
और शायद ज़्यादा भूख से।
राजनेता एक दूसरे की पीठ थपथपा रहे हैं
ग़रीबों की पीठ की खाल की गरमी उतार रही है
विज्ञापनों में प्रदर्शित अतिउत्साही नौजवान
घरों में दुबक गए हैं।
जो इनसान दूसरो को छूने से डरता है
उसे सड़क पर पानी देने से डरता है
घर जाकर देशभक्ति से भरी फ़िल्में देख रहा है।

वृद्ध अवाक् हैं, उन्होंने इस देश को
इतना डरा हुआ कभी नहीं देखा है।
एकान्त की आदत मुश्किल से डल रही है
घरों में बन्द लोग सड़क पर चल रहे मज़दूरों
के प्रति चिन्ता व्यक्त कर रहे हैं
गुटके और सिगरेट की बिक्री बढ़ गई है।
एक भला आदमी दूध ग़ैर-क़ानूनी तरीक़े से बेच रहा है।
मैं अपनी बेटी को याद कर रहा हूँ।
पहले महीने के बाद देख नहीं पाया हूँ।
वह ख़ुद करवट लेने लगी है।
हँसने लगी है।

ऐसा लगता है, बोल पड़ेगी।
पता नहीं कब देख पाऊँगा।
मुझे भी सैकड़ों की तरह खाँसी शुरू हो गई है।
मेरे कमज़ोर हाथ
बेटी का भार उठाने के लिए दुःख रहे हैं।
अगर न मिल पाया तो शायद
उसे याद भी नहीं रहूँगा।
वह बड़ी हो जाएगी
मेरे अक्स में और मैं केवल कल्पना रहूँगा।
जैसे मेरी माँ मेरे लिए
अगर यह दुनिया देवताओं ने बनाई है,
वे सोचते होंगे कि यह क्या बन गया,
या शायद वे भी यह न सोचते होंगे।
नेता नहीं सोचते कि नारेबाज़ी से
यह कैसी दुनिया बना दी है उन्होंने।

गौरैया बेटी

दिन भर पानी गिरा है।
सुबह रोशनी के थोड़ा पहले से
चिड़ियों की आवाज़ आ रही है।
मैं रात में सो नहीं पाया हूँ।
मेरी बेटी सैकड़ों मील दूर
अँगड़ाई ले रही है।
वह उठ गई है, बीवी को जगा देती है,
उसे दूध पीना है।
मेरी बीवी थकी आँखों से घड़ी को देखती है।
सुबह के और रात के चार एक साथ बज रहे हैं।
मैं छज्जे पर खड़ा एक शहर देख रहा हूँ
उसमें वह शहर देख रहा हूँ जो छोड़ आया हूँ,
काले बादल घास चरती गायों की तरह धीमे से गुज़र रहे हैं।
लिखते हुए मैं सोच रहा हूँ कि वे दोनों सो रहे होंगे।
इस समय ने मुझे सिन्दबाद बना दिया है।

मैं समुद्र के किनारे फँस गया हूँ।
हर क्षण अपने बग़दाद की याद करता हूँ।
मैं तो भगवान में भी विश्वास नहीं करता
यहाँ अपनी बेटी का नाम पुकारता हूँ।

सन्नाटा ऐसे टूटता है जैसे
सूखी पत्तियाँ स्वाभाविक रूप से ज़मीन पर गिर जाती हैं।
कोई मुझे बता रहा है कि वह कल किसी बात पर हँसी थी,
किसी की गोदी में पलटी थी,
किसी बात पर मुस्कुराई थी।
जैसे सिन्दबाद के लिए बग़दाद वैसे
ही मेरे लिए हर दिन है जब मैं दूर रहता हूँ

मेरी बेटी अद्‌भुत होती जाती है।
मैं बीवी को सोता हुआ सोचकर फ़ोन नहीं लगाता,
वह मुझे सोता हुआ सोचकर।
मैं हवाई जहाज़ में बैठकर वापस जाता हूँ,
मैं अपने घर की दहलीज़ पर खड़ा हूँ,
कुत्ता, माँ और बीवी तीनों बग़ीचे में मुझे देख ख़ुश हैं।
मैं नहाता हूँ फिर बेटी को उठाता हूँ।
वह शक से मुझे देखती है, मैं उसे याद नहीं।
मैं उसे रख देता हूँ,
हम सो रहे हैं, वह बीवी को उठाती है।
बीवी मुझे सोता समझकर नहीं उठाती।
वह नहीं जानती मैं जाग रहा हूँ,
वापस आकर मैं दूसरे शहर के समुद्र के पास छज्जों पर खड़ा हूँ।
अपनी बेटी को याद कर रहा हूँ, समय ने मेरे बचपन
के बाद मुझसे उसका बचपन छीनना शुरू कर दिया है!

खिलौने

छोटा पांडा फ़र्श पर गिरा हुआ है।
लाल दरी बिछी हुई है।
मैं बच्चा बन गया हूँ।
मैं अपनी बीवी के साथ बेटी के लिए
खिलौने ख़रीद रहा हूँ।
तीस साल पहले मेरे पिता को समझ नहीं आ रहा,
मेरे लिए क्या खिलौने ख़रीदे जाएँ?
खिलौने किसी पिता को समझ में नहीं आते।
हर बच्चे के लिए उसका पिता खिलौना होता है,
जैसे समय खिलौना होता है, जैसे अपेक्षाएँ खिलौना होती हैं
मेरी बेटी चलने की कोशिश कर रही है।
अश्वत्थामा बच्चों को मार रहा है।
बच्चों को ही ज़िन्दा रहना है। उनकी ही कल्पना ब्रह्मांड है
मेरे पिता आज तक मेरे लिए खिलौने ढूँढ़ रहे हैं

जैसे मैं तीस साल बाद भी बेटी के लिए
खिलौने ढूँढ़ता रहूँगा।
हर पिता, जब उसे समझ में आता है, वह पर्याप्त
खिलौना नहीं है, बच्चों के लिए खिलौने ढूँढ़ता है।
जैसे पत्नी, चींटी के लिए ओस
जैसे घास, टिड्डे के लिए रास्ता
जैसे पेड़, गाय के लिए छाँव
जैसे पहाड़, याक के लिए रास्ता
जैसे आसमान, चील के लिए अदृश्य जंगल
जैसे ब्रह्मांड, पृथ्वी के लिए धुरी
वैसे ही पिता अपनी बेटी को देखता है और उससे पूछता है,
'तुझे क्या चाहिए?'

कलाकार

सुबह उठते समय डर, मंच का,
लोगों का, वहाँ की बेचैनी।
नींद भाग गई, थकान ठहरी है।
डर, नहाते समय देर हो जाने का
रात का इन्तज़ार।
सड़क पर चलते समय किसी हट्टे-कट्टे
आदमी से टकराते समय अपने दुबलेपन पर संकोच।
किसी सुन्दर लड़की को ऐसे देखना
जैसे देखने का उसे हक़ नहीं है।
रियाज़ के दौरान तरह-तरह से काल्पनिक
तालियाँ बटोरना जैसे रात के समय गिरे मोगरे।
हर बार फिर याद आना कि यह केवल
रियाज़ है और फिर दोबारा केवल रियाज़
में सफल प्रदर्शन करना।
बेचैनी इत्मीनान से बिस्तर से नंगी उठती

है और उससे लिपट जाती है।
नंगी बेचैनी जिसमें न उत्साह है, न डर,
न क्रोध, न तर्क, न उम्मीद, वह बिलकुल नंगी है।
मंच पर जाने से पहले दिल की धड़कन
इतनी तेज़ कि शायद वाद्य-यंत्रों की
आवाज़ के ऊपर वह सुनाई दे सकती है
मंच पर वह ख़ुद को देखता है वैसे
बोलते जैसे कभी नहीं बोलता।
वह उस जगह हकलाता है जहाँ कभी रियाज़
में नहीं हकलाया।
श्रोता हँसते हैं।
सम्भोग के पहले जैसे लड़का लड़की के
कपड़े उतार उसे चूमे नहीं हँसने लगे।
वह सन्न पड़ जाता है।
प्रदर्शन ख़त्म कर अपने साथियों के सामने
स्वाँग करता है कि वह यही करना चाहता था
उन्हें पता है कि वह झूठ बोल रहा है।
बेचैनी की जगह थकान ले लेती है।
उसका दिमाग़ घूम रहा है।
बेचैनी घृणा और अपमान को
अगले दिन का समय देती है।
वह बिस्तर पर टूट जाता है।
शहर में कहीं और से बेचैनी उठती है।

कवि

इस छोटे से कमरे में मैं अपनी पैदाइश की कल्पना करता हूँ
धूप में सुबह सोते हुए कुत्ते से बचकर मैं
पत्थरों के ढेर पर लगभग गिरता हुआ
भाग रहा हूँ
धूल उड़ रही है हर गाड़ी के निकलने
पर मेरी आस्तीनों में धूल घुसकर
मेरे हाथों को चूमती है
अपने परिवार से मैं बात नहीं करता
उन्हें गाँव की ख़ामोशी में याद करता हूँ
मैं उन्हें याद कर रोता हूँ
पर उनसे नहीं कहता
मैं उन्हें खोजता हूँ जैसे बचपन के
अपने भाई को अब के अपने भाई में
जबकि वह कहीं खो गया है
मैं बचपन के सागर को इस जगह

खोजता हूँ जबकि वह खो चुका है
मैं अपने कवि होने को खोजता हूँ
जबकि वह खो चुका है।
मैं न वह हूँ जो हो सकता था
न वह जो हो जाना चाहिए।
मैं आलसी हूँ इसलिए ख़ुद जैसा क्या
होता है ढूँढ़ नहीं पाता
सन्तरे के बाग़ की गन्ध को सूँघते हुए,
कटती हुई लहसन को देखते हुए
शाम को ढेरों ग्राहकों से
बात करने के बाद सुबह की यादों
और घर के गहरे ख़ालीपन
को तोड़ते हुए मैं बैठता हूँ लिखने
मुझे लगता है मैं कुछ लिख
सकता हूँ, मैं अपने पिता के घर में
दस साल पहले क़लम उठाता हूँ,
अब मैं कवि नहीं बचा।

बच्चे को सलाह

दिन भर लोगों से बात करने के बाद
मैं कमरे में बैठकर पेड़ देख रहा हूँ।

शब्द भागे जा रहे हैं।
वाक्य बचपन की याद हैं
किताबों से गुँथा बचपन
याद वाक्यों से भरी
मेरा समय इसके अलावा परिभाषित
ही नहीं हो सकता
एक दुबला लड़का जो याद
करने योग्य इस क़दर नहीं है
कि मुझे ख़ुद भी मैं याद नहीं हूँ।
बस किताबें जो पढ़ी हैं।
क्यों? इससे मिला कुछ नहीं
बड़ी नौकरी नहीं, ज़्यादा तनख़्वाह नहीं

दिन में चैन नहीं।
प्यार नहीं, सम्मान नहीं।
ख़ुशी, पर ख़ुशी होती क्या है।
मैं सोचता हूँ उन किताबों के
बारे में जिनके कारण मेरा जीवन
जीने योग्य बनता है। मैं आदमी बनता हूँ।
लेकिन इन किताबों ने मुझे
दुनियादारी से बेरुख़ भी रखा है।
मुझे इस ज़गह रहने के क़ाबिल नहीं छोड़ा है।
मैं जंगल में आई चीख़ हूँ
जिसे कोई नहीं सुनता, लेकिन
इसलिए कोई अनसुना भी नहीं करता।

मेरे पास न केवल एक बुरे कवि
का अकेलापन है, ढेरों
कमाल के लेखकों का भी अकेलापन है
केवल एक डरे हुए आदमी का
सहमा-सा सच नहीं है, सैकड़ों
आसमान में बादलों-से भीषण गरजने
वाले सच हैं।
मुझे नहीं पता कि मैं
तुम्हें कुछ भी इससे ज़्यादा
बता सकता हूँ कि तुम अकेले
रहोगे पर किताबें पढ़ना।
किताबें हमारे क्रूर अकेलेपन को
क्रूर बने रहने देती हैं।
वह ठोस नहीं होता।
दुनिया सयाना बनाने की कोशिश
करती है, किताबें हमेशा मूर्ख
बने रहने का वरदान देती हैं।

इसलिए दूसरों का मज़ाक़
उड़ाने से पहले सोचो सयाने
दूसरे कमरे की बत्ती याद से बुझाकर
क्या बेहतर सोते हैं।
बालकनी पर भीगी चिड़िया
बैठी पंख फड़फड़ा रही है
उड़ने वाली है, नीचे के पेड़ अपने
बाँहें खोल लेते हैं।
मैं फिर से भूल गया।

बच्चों का आगमन

मुन्ना पापा ने काली चप्पलें
पहनी है। वे दुबले हैं।
वे जवान हैं। मैं अवाक् हूँ।
बस अपनी दोयम दर्जे की
ज़िन्दगी के सामने बेबस हूँ।
मुन्ना पापा—गुड्डन ताऊ जवान
हैं। पेड़ उग रहे हैं जो
अब ठूँठ बन गए हैं।
'चलो खाँ' गुड्डो बुआ जवान
हैं। मैं झूम रहा हूँ
'कहाँ जा रहे हो?' मणि ताऊ
पूछते हैं। मैं स्तब्ध हूँ
तुम लोगों को पता नहीं कितना
समय चाहता हूँ।

क्या करूँ, मैं वही हूँ।
मेरा बच्चा पहली किलकारी
भरता है। मैं ख़ुद बच्चा
हो जाता हूँ। यादें डुबो देती हैं।
बच नहीं पाता अपने अकेलेपन से।
मणि ताऊ कह रहे हैं
'ऐसा होता है उस्ताद।'
मगर कैसा।
मैं रोता हूँ
अकेला हूँ।
हिम्मत का स्वाँग भरता हूँ
पर डरता हूँ।
रज्जन ताऊ कहते हैं
'डरता क्यों है?'
उनकी आँखों में डर है।
भानू मामा जलेबियाँ लाये हैं।
तुम मेरे हाथों में हो।
सिकुड़े हुए मर रहे मणि ताऊ
हँसते हैं। मैं रो देता हूँ।
मुन्ना पापा पागलों की तरह
काम करते हुए भी मुझसे
अपमानित होकर चुप रहते हैं।
बड़कू ग़ुस्सा हो जाता है और
पचास रुपये कम पड़ने पर
मुझे पाँच सौ रुपये दे देता है।
जवान लोगों,
अपनी स्मृति मैं तुम्हें देता हूँ।
अपने आँसू
अपनी विफलता तुम्हें देता हूँ
और मैं हूँ क्या।

सृष्टि पहली बार मेरे साथ शरमा रही है।
अल्पना दी रोटी का कौर खिला रही हैं।
तुम्हारे पिता के पास इसके
अलावा कुछ नहीं है देने को
वो ग़लत होता है तो खड़ा
होने की कोशिश करता है।
दुखी होता है तो हँसने की।
जितेन्द्र ताऊ कहते हैं
'बन्धु आइसक्रीम लाओ।'
मेरे बच्चे जिसे पागल
दादा मिलेंगे और ख़ुद से
ज़्यादा तुमसे प्यार करेंगे।
और क्या है?
एक माँ मिलेगी जो हर साँस
में चिन्ता करेगी
और क्या है?
दादियाँ मिलेंगी जो ख़ुश
होकर रात-रात जागेगी
और क्या है?
नाना-नानी मिलेंगे जो प्यार से
और भोलेपन से तुम्हें जीत लेंगे।
ताऊ मिलेगा जो तुझे गाली देगा
पर तेरे पहले ख़ुद को मार देगा।
गुड्डो बुआ खिलौने ख़रीदने
न्यू मार्केट जा रही हैं।
फूफा मन्दिर में टाफ़ी खिला रहे हैं।
ताऊ टन-टन पाइप पर ले जा रहे हैं।
मैं तेरा बाप झिझकता हूँ
मूर्ख हूँ, और तेरी माँ से डरता हूँ।
बहुत विफल हुआ हूँ,

सच के लिए खड़ा नहीं होता,
लेकिन तुझसे प्यार करता हूँ
और क्या चाहिए?

भूरी आँखें

धूप बढ़ रही है
मैं समझ नहीं पा रहा कि
अपनी बेटी को धूप में
बिना मिट्टी का बचपन कैसे दूँ?
मैं पागल हो रहा हूँ।
मुझे रोना आ रहा है।
बेटी में फिर से बचपन जी रहा हूँ।
बेटी के साथ बूढ़ा हो रहा हूँ।
बूढ़ा नहीं होना चाहता हूँ।
मेरी जवानी ख़त्म हो रही है जैसे
टूटे फूल की ख़ुशबू।
हर रंग हरा हो रहा है,
मैं भाग रहा हूँ।
मैं याद कर रहा हूँ उसकी आँखें भूरी थीं।
उसके बाल लम्बे थे

वह जवान थी।
उसका मुँह छोटा-सा था
वह जवान थी।
उसके हाथ गोरे थे
वह जवान थी।
उसकी हँसी में बचपन की
मासूमियत थी
वह जवान थी।
मैं बूढ़ा हो गया हूँ।
अपनी बेटी के साथ बैठा हूँ।
मुझसे अब उम्मीद नहीं की जाती कि
मोहब्बत कर सकता हूँ।
किसी के लिए सँवर सकता हूँ।
मैं बूढ़ा हो गया
जैसे मेरे दादा अपने भाई को ढूँढ़ते हुए ग़ुस्सा
होते रहे वैसे ही मैं भी ग़ुस्सा होता रहूँगा।
उसे ढूँढ़ते अपनी बूढ़ी आँखों से
जिसकी आँखें भूरी थीं

तुम-वह की याद में

मिट्टी को रौंदते हुए बुल्डोज़र के पीछे से
संगीत उठ रहा है।
पानी ख़त्म हो गया है।
प्यासे लोगों की क़तार समन्दर की ओर जा रही है।
तुम्हारा चेहरा उठ रहा है, मैं भीड़ के
दूसरी तरफ़ देखता हूँ।
तुम किसी दूसरे के साथ हँस रही हो,
तुम्हें पता नहीं कि मैं तुम्हें देख रहा हूँ।
खजूर के बड़े-बड़े पेड़ अपनी चोटी से हिल रहे हैं।
मैं देख रहा हूँ, तीन लड़के खड़े हैं।
उनके बाल लम्बे हैं उनमें से एक के हाथ में
कैमरा है। वह हम लोगों की तस्वीर
लेने के लिए सड़क के किनारे बहुत ध्यान
से ऐसे बैंठता है जिससे, जिसने यह पहले
नहीं देखा है, उसे लगे कि लड़के को

अपने कपड़े साफ़ रखने की चिन्ता नहीं।
तुम लड़के से बोल रही हो कि तुम्हें
ज़्यादा मौक़े चाहिए, तुम उससे लिपट रही हो
उसकी आँखों में शरीर की वासना,
तुम्हारी आँखों में महत्त्वाकांक्षा की,
मेरी में ईर्ष्या की।
बीत रहा समय मेरा हाथ पकड़ता है और
मुझे खींचता है, मैं देखता हूँ
तुमने जब पहली बार मुझे मूर्ख बनाया था
तब तुम कह रही हो कि मेरी ईर्ष्या
बेहूदी है और फ़ोन पर बात करते हुए
अपने साथी के शरीर को सहला रही हो।
मेरी आँखें जल रही हैं, पानी शरीर
में इस क़दर कम है कि पसीना नहीं आ रहा है।
तुम अपने अनगिनत प्रेमियों के साथ मेरे इर्द-गिर्द घूम रही हो।
मुझे यह इच्छा या ज़रूरत समझ में आए
इसके पहले समय भाग जाता है और
मैं पीछे न छूटने के लिए उसके पीछे।
मेरी तरह दिखने वाला एक बूढ़ा आदमी
दिलचस्प दिखने की कोशिश कर रहा है।
भगवान के लिए कोई उसे बताए कि वह महान है।
वह स्त्री रिझाऊ कविताएँ लिख रहा है
एक के बाद एक। कोई मेरी आँखें फोड़ दे
उनसे बचा ले। वह ज़ोर से हँस रहा है।
मेरे पैर के नीचे एक मरा हुआ चूहा
आ गया, मुझे उल्टी
आ जाती है। प्यास का नज़ारा देख रहा
हूँ, गर्मी बढ़ रही है।
फ़ोटोग्राफ़र अपनी बोतल से पानी पीते हुए
हमारी तरफ़ झूठी करुणा से देख रहा है

एक बड़ा कलाकार तुम्हारी कमर पर हाथ रखे
तुम्हें दुनिया की सर्वश्रेष्ठ नृत्यांगना कह रहा है।
तुम बाद में मुझसे कह रही हो कि वह
बहुत अच्छा आदमी है, मुझे उसका तुम्हारी
कमर पर हाथ रखना अच्छा नहीं लग रहा है।
तुम ग़ुस्सा कर रही हो
मेरे दिमाग़ में गन्दगी है।
काश केवल उतनी ही गन्दगी दुनिया में होती।
मैं समन्दर के सामने हूँ, प्यासा हूँ, दिमाग़
में फ़ितूर और ज़हर है।
पानी खारा है, पीने योग्य नहीं।
मैं अपनी तरह पतित लोगों को देख रहा हूँ।
वे भी थक गए हैं, उनकी आँखों में भी
किसी से ज़रूरत से ज़्यादा मुहब्बत करने
की घिन है और दु:ख है कि उनसे किसी ने
प्यार नहीं किया।
हमें पता है कि पानी नहीं मिलेगा।
जब मैं मर रहा हूँ, तुम नृत्य, नाटक,
लेखन बहुत कुछ कर रही हो।
मेरे सामने सूरज ढल रहा है।
मेरे सामने सूरत का समन्दर ढल रहा है।
मेरी मृत्यु की आकस्मिकता पर मुझे ही
आश्चर्य नहीं होता।
मैं सड़क पर गिर गया हूँ गिद्ध की
पहली चोट पर मेरी नींद खुल जाती है।
ऐसे कितने सपनों से पसीने में अकेले
बिस्तर पर उठना बाक़ी है।
अँधेरे में घुटन है।
बिस्तर के सिरहाने बैठकर सोच रहा हूँ,
अकेलेपन के अलावा अनन्त और क्या है?

कहाँ हो तुम?

मेरे बचपन में, मेरे पिता की बीत
गई जवानी में, मेरे फटे हुए
कुर्ते-पाजामों में माँ के सिले
पैबन्दों में
रात में जब इतनी देर हो जाती
है कि कुछ भी करना अगले दिन
की नौकरी के साथ बेईमानी हो
जाती है, तुम्हें न ढूँढ़ पाना
मुझे जगा देता है।
कल फिर जल्दी उठना है और
तुम्हें भूल जाना है। शाम को कमरे
में थकान कम करते हुए
अपना समय ख़राब करना है और
फिर अचानक तुम एक क्षण
के लिए दिखते हो।

मैं वापस छुटपन में घर के पीछे
अपने पिता को किताब पढ़ते देख
रहा हूँ। माँ अन्दर पूजा कर
रही है। मेरा भाई मेरे आगे
मिट्टी पर बैठा पढ़ रहा है।
इतने में वहाँ से तुम
भागते हो मुझसे भी छोटे
मैं अपनी कल्पना के फन्दे को
दूर फेंक कर भी तुम्हें पकड़ नहीं
पाता और इस कोशिश में रात
भर बिना कुछ किए थक जाता हूँ।
फिर तुम्हारी माँ के साथ
दोस्ती की शुरुआत में टहलते हुए
तुम फिर दिखते हो भागते हुए
शुरुआत की अटपटाहट और आश्चर्य में भी
मैं तुम्हें देख लेता हूँ।
उन अनगिनत परीक्षाओं
से लौटते हुए जिनमें मैं विफल
रहा, किसी घोड़े के पीछे या
किसी दूसरे की गाड़ी के पीछे।
अकेलेपन में जीवन की
निरी अर्थहीनता और मेरी ख़ुद
की व्यर्थता के एहसास में
मुझे अब लगता है धीरज
कहीं तुम तो नहीं थे।
मेरे बच्चे जो कभी
पैदा नहीं हो पाए, मैं तुम्हें
ढूँढ़ते-ढूँढ़ते जवानी में बुढ़ा रहा हूँ।
बाहर आ जा।

चिड़िया

चिड़िया अपनी आवाज़ से पुरातन चिड़ियों
को पहले शिकारियों के आने की चेतावनी देती है।
मनुष्यों से भिन्न जीवों
में एक साथ बहुत समय
बीतते हैं क्योंकि फ़ितरत और संस्कार
एक-दूसरे में रात और झींगुर की आवाज़
की तरह मिल जाते हैं।
अमावस की रात में घर से एक
पंजा बाहर रख कुत्ता अपने पहले
पूर्वज कुत्ते को आगाह करता है,
बारिश होने वाली है। वह
फिर से पहली बार भीग सकता है।

ट्रेन की खिड़की से मैं पास
आते अपने दफ़्तर की आहट से अपना

मन हटाने के लिए बाहर देखता हूँ
खेतों में रोशनी पिछले दिन गिरी
बारिश पर चमक रही है
बीच में पीपल का एक विराट
पेड़ अपने बेढंगे
डील डौल में भी खेत में समा जाता है।
हिरणों का एक झुंड खेत में
बैठा है जिनमें से कोई भी
रेलगाड़ी की तरफ़ नहीं देखता
चटक धूप से दागा हुआ हरा रंग उछल के
मेरी तकलीफ़ों और चिन्ताओं के
टुच्चेपन को पोंछ देता है।
यह जीवन मेरा मोहताज़ नहीं है
चींटी को फ़र्क़ नहीं पड़ता कि वह
रेलगाड़ी के नीचे चले या आसमान के।

नर्क में

वहाँ हर दिन उम्मीद के साथ
शुरू होता है और हर शाम को
कभी न पूरी होने वाली इच्छाएँ
लोरी सुनाती हैं।
वहाँ अपने वास्तविक पतन के जंगल
के बीच जीवन के बेहतर हो पाने की
सम्भावना बहती है।
वहाँ मेरी माँ शायद मेरी और
मेरे भाई की इच्छा करती है।
शायद वह सोचती है कि जाऊँगा
तो पहचान भी पाएगी या नहीं।
वहाँ बारिश हर बचपन और जवानी
की बारिश होती है।
ऐसा लगता है कुछ भी हो सकता है

मेरी जवानी और बुढ़ापे की सच्चाई
उस बारिश में बह नहीं पाती।
वहाँ हर वह ख़्वाब घूमता है
जो मुझसे कभी पूरा नहीं हो पाया।
जो पूरे हो गए उन्हें पूरे करने
मैंने जितना ख़ुद को
विकृत किया है उससे ज़्यादा विकृत
शक्ल लेकर घूमते हैं ख़्वाब क्योंकि
सारी पूरी हुई इच्छाएँ अधूरी इच्छाओं
से भयानक होती है।
वहाँ मैं घूमता हूँ जैसे मैं हूँ
बिलकुल जुदा उससे जो हो सकता हूँ।

सृष्टि का होना

तुम समय लगाती हो हर काम में
तुम मुझे नया बना देती हो
हर बार अपने उजास से
तुम्हारे छोटे-छोटे पैर तैरते हैं
हमारे घर में।
तुम्हारे पैर जिनके ऊपर तुम
लड़की नहीं बचती उन सुन्दर टाँगों में।
तुम्हारी आँखें मेरे स्पर्श से चमक जाती हैं।
तुम्हें चूमता हूँ, छिटक जाती हो मेरी
कामना को अपना अहंकार बनाकर
तुम्हारे पास होता हूँ जब तुम्हें लगता नहीं।
तुम्हें पहली बार थामे हूँ
तुम्हें अभी नहीं पता कि शरमाते
कैसे हैं, नखरे कैसे दिखाते हैं
तुम हँस रही हो

तुम हँस रही हो
मैं पहली बार जन्मा हूँ।
अब हमेशा के लिए उस मुस्कान
की याद में मैं ज़िन्दा हूँ।

खोजना

दो हाथ, लम्बी-लम्बी उँगलियाँ,
आँखें मुझे देखतीं फिर अनदेखा करतीं।
धोखे से आँखें मिलतीं, फिर दूर हो जातीं
आँधीं में हिलते दो पौधों की तरह।
मैं तुम्हें खोज रहा हूँ।
तुम्हारा हाथ धीरे-से मुझे कुछ देते
समय छू जाता है। बस अँगुली का कोना,
और पानी जैसे बदन पर बूँद-बूँद रेंगता है
वैसे ही वह स्पर्श फैल जाता है।
तुम्हें पकड़ सकता हूँ पर खो दूँगा।
पकड़कर मैं तुम्हें पत्थर बना दूँगा।
हम एक-दूसरे को पा नहीं सकेंगे,
जैसे आसमान से गिरती बारिश कभी
आसमान को नहीं पा पाती।
मैं तुम्हारी आँखों में अपने लिए

इच्छा देखने की विफल कोशिश करता रहूँगा
और जब भूल जाओगी, मैं भी भूल जाऊँगा
और किसी और में खोजूँगा।
खोजता रहूँगा, पाऊँगा कभी नहीं।
पाना ही खोना होता है।
बिना छुए आलिंगन करूँगा।
मैं तुम्हें कभी नहीं खोऊँगा।

क्योंकि तुम

क्योंकि तुम थे मैंने डाँट खाई और बचा रहा।
तुम थीं तो मैं दब गया जबकि
दबना मेरे स्वभाव में नहीं
क्योंकि तुम थे मैंने वे
ग़लतियाँ भी मान लीं जो
ग़लतियाँ नहीं थीं।
क्योंकि तुम थीं मैंने सब
दाँव पर लगा दिया और
ऐसा ही होता है जब
सब दाँव पर लगाया जाता है।
क्योंकि तुम थीं तो तुम्हारी
पतली उँगलियों और पैनी
आँखों को देखने आता था
क्योंकि तुम हो तो सोचता था
कि ख़ुश रह सकता हूँ।

क्योंकि तुम हो तुम्हारे पास रहना चाहता था
क्योंकि तुम हो तुमसे दूर चला गया।
इस बीहड़ में, अपने एकान्त
में, अपनी ऊर्जा और
अपने विकार में तुम्हें खोजता हूँ
क्योंकि तुम हो तो पूछता हूँ
कि समुद्र तट पर उस शहर को
जिसे मैं छोड़ आया मनुष्य की
सारी नीचताओं के बावजूद
क्यों जो बची है, तुम ही हो?

आख़िर पुरखे

तुम कहाँ हो,
मैं अब भूल जाऊँगा
अपमान, घृणा, ईर्ष्या
तुम कहाँ हो?
मैं अकेला रोता हूँ
क्या तुम जानते हो
और मुझे हर बार
अपना सब छोड़ना पड़ता है
तुम कहाँ हो?
तुम कहाँ हो, दादा दादी
अपने इस टूटे हुए पोते को पोस लो
तुम कहाँ हो माँ, मुझे अपने में
समेट लो जैसे कभी सूरज ने
नींद को समेटा होगा
अपने एकान्त के अन्धकार में

मैं तुम्हें बुलाता हूँ पूर्वजो!
तुम कहाँ रहते हो, यह तो शायद
तुम्हें ही पता है।
मैं सब खो रहा हूँ
तुम कहाँ हो?
मैं जो हूँ वह खो रहा हूँ
तुम कहाँ हो?
मेरा न होना भी ख़त्म हो जाएगा
तुम कहाँ हों?
शायद वहीं जहाँ रहते हो
उतने की लाचार,
उतने ही अकेले
जितना मैं सब कुछ भूल कर याद करने में,
हम पूछते हैं, तुम, तुम सब कहाँ हो

सुन्दरता का राज़

वे पेड़ अब ज़्यादा सुन्दर हो गए हैं
बचपन से बाहर निकलकर बहुत ख़ूबसूरत हो गए हैं।
लोग भले हो गए हैं, जितने शायद वास्तव में नहीं थे।
तुम्हें मैं बताना चाहता हूँ कि तुम इस घर को
और अपनी माँ के अकेलेपन को भी सुन्दर बना दोगी।
वह फिसलपट्टी बड़ी हो जाएगी और
तुम उससे भव्य झूला कभी नहीं झूल पाओगी।
तुम अपने अकेलेपन में यह सब मत खोना
अकेलेपन को भी मत खोना।
वह लड़की भी अब इतने सालों बाद
बहुत सुन्दर हो गई है।
मुझे न बाल याद हैं, न होंठ, न आँखें
बिना जिस्म के उसकी मौजूदगी भव्य हो गई है।
ठीक है कि कभी उसको बता नहीं पाया,
शायद यह ठीक ही हुआ।

जो मिल जाता है उससे मोहब्बत करना मुश्किल होता है।
ख़्वाहिश ख़्वाब का हाथ पकड़ कर चलती है
सच्चाई उसे मैला कर देती है।
वह बीते समय की शराब अब बहुत
बेमिसाल और दोस्त ज़्यादा अच्छे हो गए हैं।
याद रखना कि ख़ुशनुमा समय से ज़्यादा
कठिन समय याद रहता है।
कठिनाई से मत भागना, वह तोड़ती है।
टूटना ज़रूरी होता है।
प्रेम यदि हो जाए तो जोखिम लेना,
दिल टूट सकता है, दिल टूटना ज़रूरी होता है।
मैं अपनी ग़लतियों का बग़ीचा हूँ, तू अपना बग़ीचा बनाना।
अपने चौंतीस साल के पिता की लेट-लतीफ़ी,
ग़लतियाँ और ग़ुस्से को याद रखना
उसे भी अच्छा बना देना।
मुझे नहीं पता कि तू इसे पढ़ेगी या नहीं,
पर मैं तेरी याद के रास्ते तेरी कल्पना के
गर्भ में आ गया हूँ।
मुझे बड़ा और बेहतर कर दे।
यह शरीर ख़त्म होने के सालों बाद हो सके तो
अपनी कल्पना में मुझे अकेला मत रहने देना।
मैं तेरी कल्पना में सालों पहले एक
सुन्दर लड़की के सामने खड़ा हूँ,
जो हौसला भगवान ने नहीं दिया
कल्पना में तू मुझे दे देना।

येरुशेलम

काले पत्थर की दीवारों
और उम्मीद के बीच शहर बसता
है, इस उम्मीद में
कि नागरिक अच्छे होंगे और
शहर की याद जिसका
नाम दें येरुशेलम
येरुशेलम तू उम्मीद
में है या इच्छा में
या सारे शहर इच्छा होते हैं या उम्मीद में
क्या वृन्दावन में
या बनारस में या अयोध्या में
जिनके सपने इतिहास अब नहीं ढोता
येरुशेलम एक सपना है जो
कभी पूरा नहीं हो सकता
कभी अधूरा नहीं रह सकता

प्रेम की तरह
उम्मीद की तरह
जो पूरे हो जाएँ, वे शहर नहीं होते
येरुशेलम कभी पूरा नहीं हो सकता
असंख्य हत्याओं और दमन के बीच
येरुशेलम, जो तीन महान
धर्मों की नींव है, कहता है
'मैं बच्चा हूँ, मुझे खेलने दो।'

गुड्डो बुआ के लिए

जब वह अपने भतीजों के पास
जल्दी
चलकर आती है, उसे
लगता है कोई उसे न देखे।
कोई न देखे कि ये उसके बच्चे नहीं हैं
न देखे कि उन बच्चों की माँ नहीं
है और युधिष्ठिर कुत्ते को नहीं
छोड़ता, वह बढ़ता है वहाँ जहाँ
उसे पता है कुछ पीछे रह जाएगा।
वह खाना बनाती है रोते बच्चों को
चुप करती है और स्थापित
स्वतंत्रता की परिभाषा के सामने विफल
होती है। उसकी स्वतंत्रता
अपने बच्चों से निरपेक्ष होना नहीं है।
भाई के बच्चों को अपना कहना

है। वह काम पर जाकर ख़ुश होती
है और अपने हिम्मती पिता की नक़ल करती है।
हिम्मत तो वैसे भी नक़ल ही
होती है किसी मनुष्य की नहीं
तो प्रकृति की।
बच्चों के ज़रिए उसका अक्खड़ बाप
उसमें ज़िन्दा हो जाता है। वह खाना
बनाकर उनके लिए तब भी लाती है जब
उसे पता है कि वे नहीं खाएँगे।
परिवार की असंख्य परिभाषाओं में वे
भी जुड़ जाते हैं।
वह उन्हें छोड़ कर आराम से नहीं
जीना चाहती। युधिष्ठिर से अन्त
में कहा जाता है कि वह
स्वर्ग चला जाए। वह कुत्ते को नहीं
छोड़ पाता। वह बच्चों को नहीं छोड़
पाती। स्वर्ग ऊँचे पहाड़ी से ज़्यादा
विफल बच्चों की हिम्मत में है।
उसे त्यागना असम्भव है।

खींचना

थोड़ी देर में सब बीत जाएगा
जैसे ठंड। ठंडे पानी से नहाना
दिन-ब-दिन कठिन हो रहा है।
भीड़ में अजीब लगता है।
भीड़ में अच्छा लगता है, उससे दूर
होने पर वह अच्छा लगना अजीब लगता है।
ज़िन्दगी मेरी कल्पना से तेज़ मेरी पिघलती इच्छाओं
और सड़ते सपनों का कूड़ाघर बन गई है।
पूरी तरह नहीं बनी है अगर पूरी तरह
बन गई होती तो शायद मैं नये
सपनों को, इच्छाओं को उगा लेता।
लोग एक-दूसरे को न समझने में बहुत
मेहनत करने लगे हैं। हम जो करना चाहते
हैं और फ़ितरत (आलस) जो करने पर मजबूर
करती है, वह जीवन का माप होता है।

जितना बड़ा जीवन होता है हम उतने खिंच जाते हैं।
देवता जो हर बच्चे को खींच कर वयस्क बनाते
हैं, इस माप का छोर नहीं जानते।

जीवन

1

गौरैया बग़ीचे में रखे पानी के मिट्टी
के बरतन में, जहाँ मुझे केवल नमी दिखती है,
पानी पीती है।
मर्तबान में नमी को उसकी चोंच में पानी
की गन्ध पानी से भरा मर्तबान बनाती है।
बुझती प्यास प्रशान्त महासागर।

2

मैं केवल उन्हीं तीन-चार लोगों के बीच
अपनी जवानी बरबाद न करने के उद्‌देश्य से,
एक ख़ाली कमरे में लिख रहा हूँ एक हिलते

हुए बिस्तर पर।
केवल उन तीन-चार लोगों से अपना सच नहीं
बाँटना चाहता इसलिए लिखता हूँ अकेले,
जिसे कोई नहीं पढ़ेगा, जिसको कोई नहीं
सुधारेगा, जिस पर कोई ख़ुश नहीं होगा
उस सच के सम्प्रेषण की सीमा असीम है।

3

उसे समझ पाना दूसरों के लिए असम्भव हो गया है
उसको लगने लगा है कि हर जानवर की
आँखें अब उससे वह सच सुनना चाहती
हैं जो वह शायद व्यक्त नहीं कर पाएगा।
वह सच उतना ही टुच्चा होगा जैसे वे
सच होते हैं जिन्हें हज़ारों लोग एक
दूसरे से बाँटते हैं।
उसमें उतना ही अहंकार होगा जितना हर
ऐसे सच में होता है जिसे पता होता
है कि वह सच है।
उसे सुनना ज़रूरी है, इसलिए नहीं
कि वह सच है बल्कि इसलिए कि
अकेले आदमी को सुनना सच का परीक्षण
करने से ज़्यादा ज़रूरी होता है।
अकेलेपन से ज़्यादा सच क्या होता है?

अकेलापन

वह केवल गाय की आँखों में देख रहा है
उसे वह डर दिख रहा है जो उसके अन्दर है।
गाय को उस डर के बारे में नहीं पता।
ठंड ख़त्म होना शुरू हो गई है और
रास्तों पर धूल उड़ना बढ़ गई है।
वह उस जीवन को नहीं जी पा रहा है
जो वह अपनी कल्पना में जी रहा है।
यह बिना उन आकस्मिक बेवकूफ़ियों से मुक्त
जीवन है जो वास्तव में जीवन नहीं होता
यह उम्मीद है एक जीवन की।
मनुष्य को जीवन में उम्मीद के साथ
जी पाना चाहिए, जीवन की उम्मीद में नहीं
जैसे सब में उसका अकेलापन उसका स्वभाव
बन गया है वैसे ही अकेलापन
बचपन का गेंदे का एक पौधा जिसके पास वह
बैठा है, अभी इस समय से कहीं ज़्यादा वहाँ है!

खोना

जब पहली बार मैं स्कूल में
डाँट खा रहा था तुम पीछे खड़ी थीं।
तुम हर बार तब थीं साथ जब मैं
सुबह नहीं उठ पाता था
तुम भोपाल की शान्त ठंड और
प्रचंड गर्मी में मिली हुई हो
तुम थीं हमेशा जबकि मैं जानता
भी नहीं था कि जो थीं वह तुम थीं।
मेरे कमरे की दीवारों के कोनों में
जब मुझे पता भी नहीं था कि तुम हो
मैं तुम्हें खोज रहा था।
तुम वहाँ थी उस समन्दर के पास के
शहर में मुझे पता नहीं पर मैं तुम्हें
इस ठंड के शहर में खोज रहा था
जहाँ हर इच्छा और हर कहानी के
पीछे तुम थीं, जो जगह तुम्हारे बिना पूरी नहीं थी

जबकि तुमने भोपाल कभी नहीं देखा
तुम सागर की हर ठंड की
धूप में थी जिसमें अपने ताऊ के
पुराने घर में मैं बैठा रहता था, तुम थीं
तब प्रशान्त अरुण की तरह
मेरे बेचैन चित्त की तरह तुम बेल के
पेड़ के पीछे खड़ी थी।
तुम समन्दर के किनारे के शहर
में तो वास्तव में थी।
तुम्हारी हँसी, तुम्हारा ग़ुस्सा,
तुम्हारा संकोच।
मैं बेवक़ूफ़ी में और हठ में
अपना समन्दर और तुम्हें छोड़ आया हूँ।
रात में जागते, दिन में ग़ुस्सा होते
झल्लाते और सँभलते
अपनी हँसी, अपना ग़ुस्सा और अपना संकोच
भूलकर कमरे के कोने को देखता हूँ
तुम वहाँ खड़ी हो।

रुदन

गर्मी में जब सड़क के किनारे
कोई नहीं चलता और लोग अपनी
दुकानों में गर्मी के शोर को सह
रहे होते हैं तब
कोई नहीं सुनता कि वह
घुट रहा है रोज़मर्रा के
हाथों अपना लेखन छिनने से,
अपनी काहिली और इस भाषा
में लिखने की हर दिन ज़्यादा
प्रतीत होती अर्थहीनता से।
एक कुत्ता सड़क के किनारे सोया है
उसकी पूँछ के ऊपर से
मोटरसाइकिल निकल जाती है
वह रोता है दर्द से ज़्यादा
पूरी तरह चौंक जाने से।

उसे पहली बार एहसास होता है
कि एक ख़ाली सड़क पर ऐसा
आदमी आ सकता है जो जान-बूझकर
उसकी पूँछ पर गाड़ी चलाए।
उसे नहीं पता कि जानकर पूँछ पर
गाड़ी चलाने वाले मनुष्यों का समय आ गया है।
लोग रोज़ झूठ बोलते हैं,
अपमानित करते हैं और होते भी हैं।
वे जो जीवन के सत्त्व के
इतिहासकार लेखक कुएँ के ऊपर
की जड़ से उलटे लटके हैं
मुझे, मेरी व्यर्थ ज़िन्दगी और
टुच्ची कविताओं को देख मुँह
मोड़ लेते हैं। वे कुएँ की अँधेरी
गहराई में देख सोचते हैं कि
जड़ कटे और मुक्ति मिले।
मेरे माँ-बाप अचानक बूढ़े होने
पर बुढ़ापे के बड़े-बड़े
कमरों में अकेले घूम रहे हैं
अभी बुढ़ापा नया है, घर अच्छा
लग रहा है। धीरे से खँडहर
बन जाएगा। मुझसे वे भी उम्मीद
नहीं करते क्योंकि ख़ुद से
पिटा हुआ आदमी किसी काम
का नहीं होता, जैसे कुछ
मसूर के पौधे अपने वज़न से
टेढ़े हो जाते हैं।
मेरा बचपन भी बूढ़ा हो गया है।
जब खेत कट जाते हैं,
गर्मी के इन्हीं महीनों में, उनमें

आग लगा दी जाती है जिससे
मिट्टी में कुछ बोया जा सके।
मैं उस पीढ़ी का हिस्सा हूँ
जो परम्परा की फ़सल कटने
के बाद की आग है।
भाषा को हमसे केवल यह उम्मीद
है कि एक दिन हम नहीं रहेंगे।
अगर हुनर की कमी मार देती, अच्छा होता
हमें तो एक-दूसरे की
निन्दा करने की आदत मार देगी
हम एक छोटे गाँव के बाज़ार में
एक-दूसरे के इर्द-गिर्द
खुली किराने की कुछ दुकानें हैं,
सामान सबके पास वही है इसलिए
एक-दूसरे की बुराई करना अनिवार्य
होता है, या कम-से-कम ऐसा लगता है।
पुरखे खड़े हैं विस्मित
वे उम्मीद लेखन की नहीं कुछ
सार्थक कर पाने की करते हैं
उम्मीद उस बारिश की तरह है जो
मेरे पहुँचने के पहले शहर
में हो चुकी है।
नाउम्मीदी का ज़माना नहीं बचा,
जो अब मूल्य हैं वे मेरे लिए
वैसे ही हैं जैसे सड़क पर लेटे
कुत्ते की पूँछ पर चढ़ गई मोटरसाइकिल
एक कुत्ता रात में लगातार भौंकता है
लोग उसे पंखे या टेलीविज़न की
आवाज़ की तरह सुनते हैं, उनकी नींद नहीं टूटती
देवता यदि वे हैं जाग जाते होंगे

अगर एक जानवर की चीख़ उनकी नींद
न खोले तो यह दुनिया बनाने
या रहने के क़ाबिल नहीं थी।

धूप

सुबह की तस्वीर सूरज की
धूल पर शाल के पेड़ के भारी
तनों से भारी किरणें हो गई हैं।
धूप में निकलने से मेरी नींद नहीं
ख़त्म होती, धूप उसे उसके ताबूत
दिन में ज़िन्दा ही रख देती है।
जब लौटता हूँ, वह नींद ताबूत खटखटाती
है और मैं लिखने की कोशिश करता हुआ
ताबूत को खुलने से रोकता हूँ।
शराब रात में ताक़त और ताज़गी का
वहम देती है।
दिन के प्याले में मैं इतना भर जाता हूँ
कि काम की जगह नहीं बचती।
नशे में नींद का-सा जो होता है वह
नींद बनने के लिए और नींद वह बन

जाने के लिए ताबूत की लकड़ी खटखटाते हैं
मेरा मैं मेरे जंगल को ऐसे रोज़ जलाता है।
बारिश होने के पहले जब धूप ढक जाती है
पत्तियों में एक अनन्त उजास आ गया है
बचपन की पत्तियाँ इन पत्तियों से वैसे मिल
गई हैं जैसे थोड़ी देर में रात सुबह में
मिल जाएगी।
मैं उसे दर्ज करने की कोशिश कर रहा
हूँ, जो होने के पहले मेरी स्मृति की
सम्भावना में हो चुका है।
दीवार के सफ़ेद और खिड़की के नीले
के परे बारिश होने वाली है, पूरा कमरा
मेरे बचपन के कमरे की तरह धीरे-धीरे
पीला हो गया है, दीवारें गन्दी,
मैं और मेरा भाई दो बिस्तरों पर
लेटे हैं, मैं सोच रहा हूँ 'हम बड़े कब होंगे?'
बिजली कड़कती है,
'कभी नहीं'!

शेर दिखा

तेंदू के पेड़ की बड़ी सूखी
पत्तियों पर गाय चल रही
है। उसके पैरों और पत्तों के
संयोग से जो आवाज़ होती है
उससे परे तेंदू और जंगली झाड़ियों
और महुआ और पलाश और शाल
के पार मैं देखता हूँ तो वह नहीं है।
वह हाँफता है अँधेरे जंगल में जब सब
पेड़ उसका डर बन गए हैं। वह शिकार
करना चाहता है। वह भूखा है।
दल दल में उगी छोटी और बड़ी
घास के बीच एक जंगली सूअर
भागता है बहुत तेज़। मैं उसे
ठीक से नहीं देख पाता। उससे
भी ज़्यादा ज़रूरी, उसे नहीं देख

पाता जिससे वह भाग रहा था।
शायद जल्दी से भाग कर वह कहीं
पहुँचना चाहता था।
उसे रात में घात लगानी है। उसका पेट
जल रहा है। वह साँभर मारना चाहता है।
साँभरों का पीछा कर जंगल के अधिकारी
खड़े हैं, सुबह उनका साहब उसे देखने
आने वाला है। वह साहब को नहीं देखना
चाहता, हिरण पर घात लगाता है। थक गया
है। जंगल के जानवर उससे दूर भाग गए
हैं जैसे जंगल उसके सामने सरक रहा हो।
चट्टान के ऊपर नील गाय
खड़ी होकर घास खा रही है।
वह रुक जाती है। कान चलाती है।
बन्दर आवाज़ करते हैं। शायद कोई
शेर या तेंदुआ है। मैं वहीं रुक
कर इन्तज़ार करता हूँ। हमारे
सामने तीन गाड़ियाँ रुक चुकी हैं।
शाम का सूरज ढल रहा है।
ढलते सूरज में सारे पेड़ लाल
हो रहे हैं जैसे सब पेड़ टेसू
के पेड़ बन गए हो। आधे घंटे तक
कुछ नहीं होता। हम आगे चले जाते हैं।
वह खाकर थक गया है ख़ून और मांस
का स्वाद अपनी जीभ पर महसूस करते हुए
वह सोने को लेटा है। वह एक
झाड़ी में लेटा है, जंगल के एक
सुनसान कोने में जहाँ कोई पगडंडी नहीं है
ताकि उसे कोई तंग न करे। वह दो दिन

से भूख के मारे सोया नहीं था। वह आँख
मूँदता है और गहरी साँस लेता है।
एक खुले मैदान में कुछ हिरण खड़े
होकर अपनी छोटी-छोटी पूँछें हिलाकर
घास खा रहे हैं। मैदान के बग़ल
में घना जंगल है, पीछे आम का
बड़ा पेड़ और दूसरी तरफ़ एक
नाला। नाले से टकराती घास
को देख मैं हिरण को और जंगल
को देखता हूँ उसे खोजते हुए।
वह नहीं दिखता
मेरी कल्पना में वह सो रहा है। जंगल
के कोने में कहीं पड़ा है। पूरे जंगल में
मिल गया है, अँधेरे में, अपने होने
की उम्मीद में, अपनी नामौजूदगी में।